Le monde secret des lichens

Guide du jeune naturaliste

Troy McMullin
Musée canadien de la nature

FIREFLY BOOKS

Informations sur les droits d'auteur à la page 48.

Introduction

Examinez

les arbres, les roches et le sol de votre quartier et vous découvrirez un monde secret tout en couleurs vives et en formes intéressantes évoquant un récif de corail en miniature. Bon nombre des espèces que vous rencontrerez sont des lichens. Les lichens poussent dans presque tous les environnements terrestres où ils assument d'importantes fonctions. De nombreux animaux s'en nourrissent, s'y camouflent et en tapissent leurs nids. Les lichens occupent aussi une place importante dans le cycle des nutriments, notamment en sécrétant dans le sol de l'azote qui peut être utilisé par d'autres organismes. Certaines espèces de lichens empêchent même l'érosion. Les personnes en tirent des teintures, des aliments et des médicaments. Ces organismes étonnants peuvent même survivre au vide et aux rayons cosmiques (pour plus de détails, voir le Téloschiste élégant en page 21).

Mais en quoi consistent les lichens?

Les lichens sont des organismes **symbiotiques**[*], ce qui signifie qu'ils sont composés de plusieurs espèces partenaires. Le premier partenaire est un champignon primaire parfois accompagné d'un champignon secondaire (80 à 95 % du corps du lichen) et le second partenaire (5 à 20 % du corps du lichen) peut être une **algue** unicellulaire, une **cyanobactérie** ou même les deux! Le champignon forme la couche externe, appelée le **thalle**. Les algues et cyanobactéries vivent à l'intérieur du thalle et produisent de l'énergie, tandis que d'autres nutriments et minéraux sont tirés directement de l'atmosphère et de l'eau qui recouvre le lichen. Les lichens n'ont donc pas besoin de terre pour pousser.

La Lobaire pulmonaire (*Lobaria pulmonaria*) est verte parce que sa partenaire photosynthétique est une algue.

La Lobaire brodée (*Lobaria anomala*) est plutôt brune parce que sa partenaire est une cyanobactérie.

[*]Les mots qui sont **en gras** sont définis dans le glossaire à la page 47.

À quoi ressemblent les lichens?

On compte trois grandes formes de lichens. La première est la forme **crustacée**, qui pousse directement sur un **substrat** (par exemple, des arbres, des roches ou le sol). Cette forme n'a pas de surface inférieure visible. La deuxième est la forme **foliacée**, avec des surfaces supérieures et inférieures distinctes qui sont généralement de couleurs différentes. La troisième est la forme **fruticuleuse**, qui a une apparence buissonnante ou chevelue. La surface d'un lichen fruticuleux est généralement la même de tous les côtés.

La Sporastatie tortue (*Sporastatia testudinea*) est un lichen crustacé qui pousse sur les roches en milieu arctique et alpin.

L'Arctoparmélie élancée (*Arctoparmelia separata*) est un lichen foliacé qui pousse sur le sol et les roches.

La Cladonie étoilée (*Cladonia stellaris*) est un lichen fruticuleux buissonnant qui pousse sur le sol. C'est le lichen national non officiel du Canada.

La Bryorie crin-de-cheval (*Bryoria* spp.) est brune et l'Usnée barbue (*Usnea* spp.) est vert jaunâtre. Ce sont des espèces fruticuleuses d'apparence chevelue qui poussent sur les branches des conifères. Voir Bryorie crin-de-cheval, page 28, pour un exemple en gros plan.

Reproduction et structure du lichen

L'illustration de droite est une vue de côté montrant les structures internes d'un lichen foliacé typique. En haut se trouvent les modes de reproduction, tant végétative (par exemple, les sorédies et les isidies) que sexuelle (par exemple, les **apothécies**). Les sorédies ont une apparence poudreuse. Produites à l'intérieur du lichen, elles renferment de petites quantités d'algues ou de cyanobactéries et de champignons. Les isidies sont généralement dures et rugueuses. Également constituées d'algues et de champignons, elles poussent à la surface et s'en détachent. Les sorédies et les isidies peuvent donner naissance à un nouveau lichen si elles trouvent un environnement favorable.

Les apothécies, que l'on appelle aussi les **fructifications**, produisent des **ascospores**. Ces ascospores, en se développant, accumulent de la pression et finissent par être éjectées dans l'air. Pour donner naissance à un nouveau lichen, les ascospores doivent se poser dans un environnement propice. Elles doivent également trouver un partenaire photosynthétique (algue ou cyanobactérie). Parfois, les ascospores se posent sur d'autres lichens, germent, puis détournent à

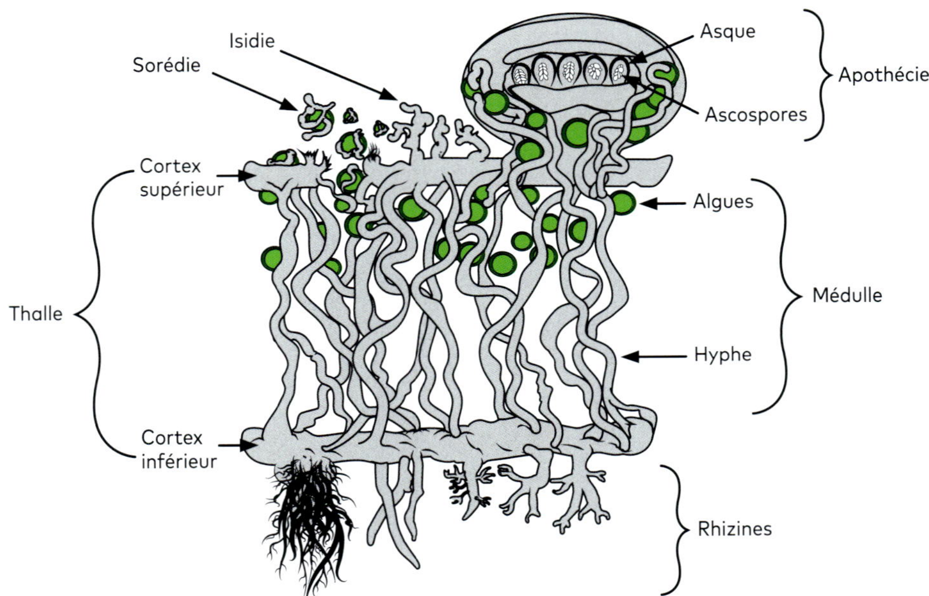

leur profit le partenaire de photosynthèse de l'hôte sur lequel elles ont atterri. Les lichens n'ont généralement recours qu'à un seul mode de reproduction, soit les sorédies, les isidies ou des fructifications comme les apothécies.

Leurs **cortex** inférieur et supérieur se composent de champignons denses. Entre les deux cortex se trouve une couche de filaments fongiques mollement entrelacés, appelée la **médulle**, où se trouvent les algues ou les cyanobactéries. Elles forment une mince couche juste en dessous du cortex

supérieur qui devient translucide lorsqu'il est mouillé, ce qui favorise la photosynthèse. Lorsque les lichens sont humides, ils deviennent généralement plus verts si la couche d'algues est visible ou deviennent plus foncés s'ils contiennent des cyanobactéries.

Les lichens foliacés sont souvent ancrés à leur substrat par des **rhizines** poussant sous le cortex inférieur. Ces rhizines peuvent avoir diverses formes. Bien que les rhizines ressemblent à des racines, ce sont des structures qui attachent le lichen à son substrat.

Les algues dans la Lobaire lisse (*Ricasolia quercizans*) deviennent plus visibles lorsque la surface du lichen est mouillée. Ces photos montrent à quoi ressemble ce lichen quand il est sec (à gauche) et humide (à droite).

Les cyanobactéries à l'intérieur de la Lobaire holarctique (*Pseudocyphellaria holarctica*) deviennent plus visibles lorsque le lichen est humide. Ces photos montrent à quoi ressemble ce lichen quand il est sec (à gauche) et humide (à droite).

Croissance, âge et fossiles des lichens

Le Rhizocarpe géographique (*Rhizocarpon geographicum*) est le plus vieux lichen, à 8 600 ans.

Le rythme de croissance des lichens dépend de nombreuses variables environnementales. Leur métabolisme (réactions chimiques dans les cellules qui transforment les aliments en énergie) est régulé par la disponibilité de l'eau. En d'autres termes, plus ils reçoivent de lumière pendant qu'ils sont humides, plus ils grandissent rapidement. D'autres variables affectant leur croissance comprennent le substrat sur lequel ils poussent, la température, la profondeur de la neige, la pollution atmosphérique et les pluies acides.

Les lichens fruticuleux connaissent la croissance la plus rapide (1,5 à 7 mm par an), suivis par les lichens foliacés (0,5 à 5,5 mm). Les moins rapides sont les lichens crustacés (0,5 à 3 mm). On en trouve de plus envahissants, comme un certain lichen foliacé de la réserve Te Urewera en Nouvelle-Zélande, qui peut s'étendre de 27 mm en moins d'un an.

Certains lichens des milieux arctiques-alpins sont des champions de la longévité. Le plus vieux sujet connu est un Rhizocarpe géographique (*Rhizocarpon geographicum*) auquel on prête un âge de 8 600 ans. Les lichens se classent ainsi parmi les doyens de la planète!

De plus, ils existent depuis longtemps. On a trouvé, dans le sud de la Chine, des fossiles ressemblant à des lichens qui datent de 600 millions d'années et d'autres en Écosse qui datent de 480 millions d'années. La nature de ces fossiles est cependant nébuleuse. Les premiers fossiles de lichens clairement identifiés datent du Crétacé (il y a 145 à 66 millions d'années) – l'époque des dinosaures – mais la plupart des lichens anciens, conservés dans l'ambre, datent du Paléogène (il y a 66 à 23 millions d'années).

À quoi servent les lichens?

Les lichens trouvent de nombreux usages, servant notamment de nourriture, de médicaments, de poisons, de teintures et de détecteurs de pollution. On en tire plus de 1 000 produits chimiques, qui donnent à certains lichens des couleurs éclatantes. L'acide usnique, par exemple, est utilisé en médecine comme antiseptique. La plupart des lichens qui en contiennent ont

L'Évernie mousse du chêne (*Evernia prunastri*) est ajouté au pain en Égypte. C'est aussi un fixatif qu'on ajoute aux parfums en Europe, pour que l'odeur dure plus longtemps.

une couleur vert jaunâtre. Plusieurs espèces illustrées dans ce livre contiennent de l'acide usnique, y compris l'Évernie mousse du chêne (page opposée), le Néphrome arctique (page 12), l'Évernie arctique (page 13), l'Usnée très longue (page 34) et la Rhizoplaque orangée (page 36).

Très peu de lichens sont toxiques. Les plus dangereux à cet égard sécrètent de l'acide vulpinique. Ces derniers se distinguent à leur couleur jaune vif, comme la Léthaire du Columbia (*Letharia columbiana*) et la Léthaire poils-de-renard (*Letharia vulpina*), qui ont déjà servi à empoisonner les renards et les loups en Scandinavie. Ces espèces produisent aussi un colorant jaune vif.

On croit que les colorants à base de lichens ont été découverts en Chine il y a environ 4 000 ans, mais la plus vieille recette connue date de la Grèce antique, il y a 1 800 ans. Certains tissus écossais sont encore teints avec de la Parmélie saxatile (*Parmelia saxatilis*) et de la Parmélie nombril (*Parmelia omphalodes*).

Les lichens servent aussi à détecter la pollution. Puisque les lichens obtiennent les minéraux et les nutriments directement de l'atmosphère, ils absorbent également des polluants. Les plus

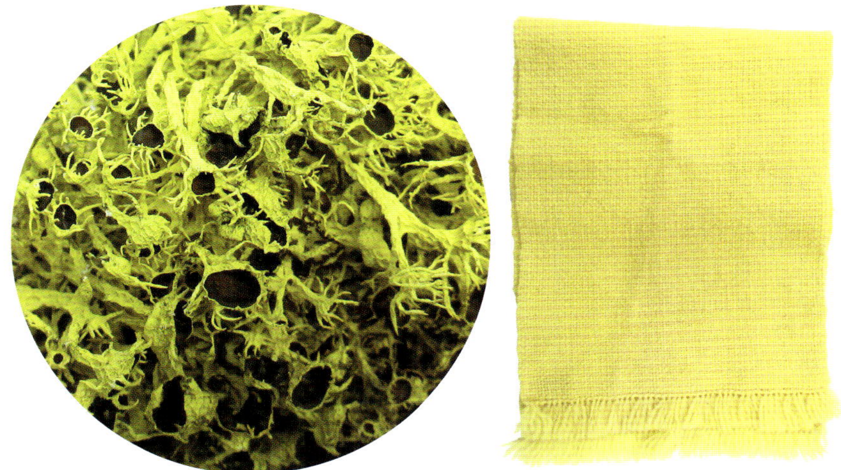

La Léthaire du Columbia (*Letharia columbiana*), à gauche, produit de l'acide vulpinique qui lui confère sa couleur jaune vif. On l'utilise comme colorant. Ce foulard jaune a été teint avec de la Léthaire poils-de-renard (*Letharia vulpina*), qui contient le même acide vulpinique que la Léthaire du Columbia.

L'Ombilicaire lisse (*Umbilicaria mammulata*), à gauche, produit l'acide gyrophorique qui a servi à teindre ce foulard violet.

Cette chenille de Likenée du chêne (*Calocala ilia*) de l'Alabama utilise le lichen pour se camoufler. Elle peut se fondre dans de nombreux lichens communs, y compris les hypogymnies (*Hypogymnia* spp.), les parmélies (*Parmelia* spp.), les parmotrènes (*Parmotrema* spp.) et les ponctélies (*Punctelia* spp.).

Les œufs du Pluvier bronzé (*Pluvialis dominica*) reposent dans un nid tapissé d'Icmadophile vermiculaire (*Thamnolia vermicularis*). Pour plus d'informations sur l'Icmadophile vermiculaire, voir page 44.

sensibles disparaissent les premiers en présence de polluants. C'est le cas de la Lobaire pulmonaire, illustrée à la page 31, qui est un des lichens qui sert à surveiller la qualité de l'air au parc national et lieu historique national Kejimkujik en Nouvelle-Écosse.

Les animaux se servent eux aussi des lichens. Les oiseaux et les écureuils, par exemple, en tapissent leurs nids. Plusieurs insectes s'y camouflent. D'autres animaux mangent des lichens, notamment le caribou (aussi appelé le renne), qui en dépendent souvent pendant l'hiver, plus que toute autre source de nourriture.

Ce sac de Cladonie étoilée (*Cladonia stellaris*), que vous pouvez voir de près à la page 3, est utilisé pour représenter des arbres sur les maquettes d'architecture et de trains miniatures.

Un jeune caribou, aussi appelé un renne, (*Rangifer tarandus*), mange des cladonies (*Cladonia* sp.). Le caribou et le renne ne forment qu'une seule et même espèce. En Amérique du Nord, on l'appelle caribou alors qu'en Asie et en Europe, on l'appelle renne.

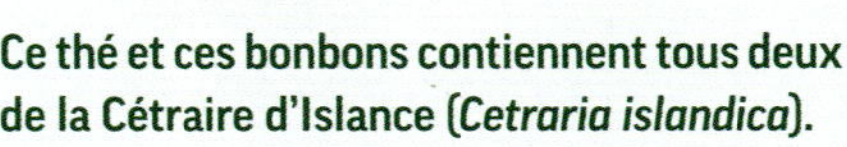

Ce thé et ces bonbons contiennent tous deux de la Cétraire d'Islande (*Cetraria islandica*).

Explorons le monde secret des lichens

On compte environ 20 000 lichens de par le monde. Le présent ouvrage en illustre 38 espèces magnifiques et intéressantes réparties entre l'Arctique et les tropiques. Après cette lecture, vous en verrez partout. Leur monde secret vous sera ainsi révélé!

À la recherche des lichens

Les lichens peuvent pousser à peu près n'importe où. Dans la forêt, vous les trouverez sur les roches, le sol et les arbres. Dans les forêts sombres (celles dont la canopée est dense), les lichens les plus grands se développent souvent dans la canopée, où il y a plus de lumière. Les branches tombées sont donc un bon endroit pour chercher des lichens. D'autres bons endroits sont les vieilles clôtures de bois, les affleurements rocheux, les falaises, les gros rochers et les roches littoraux (eau douce et eau salée).

On les trouve aussi sur les grands arbres des villes (dans votre cour ou au parc). Plusieurs espèces poussent aussi sur le béton, mais elles sont généralement très petites.

De nombreux lichens sont de si petite taille qu'on doit les examiner sous une loupe.

Les lichens poussent lentement et plusieurs appartiennent à des espèces rares. On s'abstiendra donc de les cueillir. Prenez plutôt une photo de votre découverte et notez l'endroit où elle poussait (l'emplacement), sur quoi elle poussait (le substrat) et quand vous l'avez observée (la date). Ces informations peuvent vous aider à identifier une espèce de lichen en utilisant des guides d'exploration ou des applications en ligne comme iNaturalist (inaturalist.org).

Ophioparme venteuse (*Ophioparma ventosa*) [à gauche]
Porpidie orangée (*Porpidia flavicunda*) [à droite]

Ces deux lichens crustacés de couleur vive sont communs sur les roches dans les environnements arctiques-alpins en Asie, en Europe, en Amérique du Nord et en Amérique du Sud. Les fructifications (apothécies) ressemblent à des points de 1 à 2,5 mm de large. Certaines font 5 mm. L'Ophioparme venteuse produit une teinture rouge violacé.

Dactyline arctique (*Dactylina arctica*)

Ce lichen fruticuleux est commun dans les régions arctiques et alpines d'Asie, d'Europe et d'Amérique du Nord. Creux avec des parois minces (voir la photo en médaillon), il pousse sur le sol. Les plus hauts mesurent 7 cm.

Néphrome arctique (*Nephroma arcticum*)

Ce lichen foliacé pousse sur le sol arctique-alpin et subarctique-subalpin dans toute l'Asie, l'Europe et l'Amérique du Nord. Ses fructifications (apothécies) orangées sont en forme de reins, d'où son nom. Le Néphrome arctique a deux partenaires photosynthétiques : une algue aux endroits verts et une cyanobactérie dans de petites taches sombres sur le **lobe**, comme on peut en voir dans le coin inférieur droit de la photo (encerclées). Les lobes ont une largeur de 2 à 5 cm.

Évernie arctique (*Evernia perfragilis*)

L'Évernie arctique pousse sur un sol alcalin (pH élevé) dans les régions arctiques-alpines d'Asie, d'Europe et d'Amérique du Nord. On la trouve un peu partout en Amérique du Nord et aussi dans les Alpes, en Europe. Ce lichen fruticuleux de 2 à 5 cm de hauteur ressemble à la Cladonie des rennes, mais on ne doit pas s'y méprendre. L'Évernie arctique est pleine et possède une couche externe dure et brillante appelée un cortex. La Cladonie des rennes est creuse et n'a pas de cortex, ce qui lui donne, au microscope, un aspect terne et semblable à une toile d'araignée.

Masonhalée de Richardson (*Masonhalea richardsonii*)

Contrairement à la plupart des lichens, qui sont ancrés, cette espèce roule librement comme une boule du désert. C'est un lichen fruticuleux voyant qui vit dans des conditions arctiques-alpines dans l'est de la Russie et dans le nord de l'ouest de l'Amérique du Nord. Ses ramifications ont une largeur de 2 à 7 mm. Son nom scientifique, *Masonhalea richardsonii*, honore Mason Hale, lichénologue à la Smithsonian Institution de la fin du XXe siècle, et Sir John Richardson, chirurgien naval, naturaliste et explorateur de l'Arctique du début du XIXe siècle.

Ombilicaire virginale (*Umbilicaria virginis*)

Comme toutes les espèces d'ombilicaires, l'Ombilicaire virginale est foliacée et attachée aux roches par un seul point central appelé un **ombilic**. Elle est plutôt commune dans les régions arctiques-alpines d'Asie, d'Australasie, d'Europe et d'Amérique du Nord. La plupart des sujets ont un diamètre de 1,5 à 5 cm, mais certains atteignent 20 cm. Les formes (ou excroissances) rondes et noires de la surface supérieure sont les fructifications (apothécies). La surface inférieure brun clair ou rosée présente de nombreuses excroissances ressemblant à des poils que l'on appelle les rhizines.

Les noms scientifiques (les noms en italique entre parenthèses tout au long de ce livre) sont les noms officiels attribués aux espèces. Le genre est la première partie, et l'espèce la deuxième. Genres et espèces sont écrits en grec ou en latin et sont universellement utilisés. Les noms communs (par exemple, Ombilicaire virginale) sont moins figés. Ils peuvent varier d'un pays à l'autre.

Lichen de Noël (*Herpothallon rubrocinctum*)

Ce lichen crustacé frappant pousse sur les arbres entre le sud-est des États-Unis et l'Argentine. Il atteint plusieurs centimètres de diamètre. Son nom festif est attribuable à sa couleur. Le pigment rouge vif s'appelle l'acide chiodectonique. Bien que le sujet photographié ici ne soit que rouge et blanc, il peut également développer une coloration verte en mûrissant. Les Sud-Américains en tirent un colorant rouge.

Peltigère aphteuse (*Peltigera aphthosa*)

Ce lichen foliacé peut faire jusqu'à 20 cm de large. On le rencontre dans plusieurs types de forêts et environnements arctiques-alpins à travers l'Asie, l'Australasie, l'Europe et l'Amérique du Nord. Il pousse sur des sols moussus, des roches et des arbres et a deux partenaires photosynthétiques. Les zones vertes contiennent des algues, et les « taches de rousseur » sombres sont remplies de cyanobactéries.

Arctoparmélie centrifuge (*Arctoparmelia centrifuga*)

Ce lichen foliacé commun pousse sur les rochers des régions arctiques-alpines et subarctiques-subalpines d'Asie, d'Europe et d'Amérique du Nord. Sa croissance se fait le long du contour. Les parties les plus anciennes meurent et une nouvelle croissance prend leur place, ce qui crée des anneaux concentriques distinctifs pouvant aller jusqu'à un mètre.

Pilophore sphérique *(Pilophorus acicularis)*

Ce lichen fruticuleux, distinctif et voyant, pousse sur les rochers dans l'ouest de l'Amérique du Nord. On en a également signalé quelques-uns dans l'est de l'Asie. C'est une espèce pionnière qui pousse souvent sur des roches nouvellement exposées. Les tiges mesurent de 5 à 25 mm. Les extrémités noires sont les fructifications (apothécies). Le Pilophore sphérique a deux partenaires photosynthétiques : des algues aux endroits verts, et des cyanobactéries dans les amas roses ou bruns, qui ne sont pas visibles sur la photo.

Lobaire à fossettes (*Lobaria anthraspis*)

Ce grand lichen foliacé mesure jusqu'à 20 cm de large et plus rarement 40 cm. Le partenaire photosynthétique de la Lobaire à fossettes est une cyanobactérie qui lui donne une couleur foncée. Cette espèce de lichen pousse sur des arbres de toutes sortes et des roches moussues de la côte ouest de l'Amérique du Nord. Elle préfère les forêts matures très humides.

Téloschiste élégant (*Rusavskia elegans*)

Ce lichen foliacé orange vif est commun sur les roches d'Afrique, d'Antarctique, d'Asie, d'Australasie, d'Europe, d'Amérique du Nord et d'Amérique du Sud. Il est particulièrement abondant dans les habitats arctiques-alpins et sur les roches côtières. On le trouve aussi sur les roches fertilisées par les excréments d'oiseaux et de mammifères. Par conséquent, la présence de cette espèce permet de suivre les mouvements de certains animaux. La plupart ont jusqu'à 5 cm de diamètre, mais certains atteignent 10 cm.

Des spécimens de Téloschiste élégant ont survécu aux rayons cosmiques et au vide de l'espace pendant 1,5 an à l'extérieur de la Station spatiale internationale. Le champignon a survécu dans 84 % des spécimens et les algues ont survécu dans 71 %.

Icmadophile en filets (*Icmadophila ericetorum*)

Ce lichen crustacé de couleur vive recouvre les mousses, le bois et la tourbe. Il est assez commun en Afrique, en Asie, en Australasie, en Europe et en Amérique du Nord. Les fructifications (apothécies) rose vif, qu'on ne manque pas de remarquer, peuvent atteindre 4 mm de diamètre.

Cladonie de Bory (*Cladonia boryi*)

La Cladonie de Bory est un lichen fruticuleux côtier commun de l'est de l'Amérique du Nord. Ses tiges distinctives mesurent jusqu'à 9 cm de haut et sont percées par plusieurs trous, comme un filet de pêche.

Hétérodermie hérissée *(Heterodermia echinata)*

Les longs **cils** poussant au rebord de cette hétérodermie lui donnent une apparence hérissée, et sa forme est à la fois foliacée (parce qu'elle a des surfaces supérieures et inférieures distinctes) et fruticuleuse (parce qu'elle a de longs lobes étroits). Elle pousse généralement sur les branches d'arbres dans les habitats forestiers. Les structures bleu grisâtre aux extrémités des lobes sont les fructifications (apothécies). Les lobes eux-mêmes ont une largeur de 1 à 3 mm. L'Hétérodermie hérissée pousse entre le sud-est des États-Unis et l'Amérique centrale.

Dactyline givrée (*Dactylina ramulosa*)

Ce lichen fruticuleux distinctif pousse sur le sol des habitats arctiques-alpins d'Asie, d'Europe et d'Amérique du Nord. Il peut atteindre 4 cm de hauteur. Les zones blanches ou givrées proviennent de sécrétions chimiques qui se cristallisent à la surface.

Hypogymnie à fruits (*Hypogymnia lophyrea*)

Ce lichen foliacé côtier s'observe sur les conifères du nord-ouest de l'Amérique du Nord. Il fait jusqu'à 1,5 cm de large et sa surface inférieure présente des trous distinctifs, ressemblant à un rayon de miel (voir la photo en médaillon).

Lobaire verte (*Crocodia aurata*)

La Lobaire verte est un lichen foliacé à l'aspect accrocheur, commun dans les régions tempérées et tropicales d'Afrique, d'Asie, d'Australasie, d'Europe, d'Amérique du Nord et d'Amérique du Sud. Ses lobes ont une largeur de 0,5 à 1 cm, sa médulle est jaune et sa surface inférieure présente de petites taches jaune vif (voir la photo en médaillon).

Bryorie crin-de-cheval (*Bryoria Trichodes*)

Plusieurs lichens ressemblent à des poils ou des crinières, comme l'Usnée barbue (*Usnea* spp.) et les diverses alectoires (*Alectoria* spp.). La Bryorie crin-de-cheval se distingue par ses fines branches fruticuleuses brunes, qui peuvent atteindre 15 cm. On la trouve surtout dans les forêts boréales d'Amérique du Nord, mais aussi en Europe et au Japon. Les écureuils volants en tapissent leur nid.

Chapelier en ombelle (*Lichenomphalia umbellifera*)

Le Chapelier en ombelle est l'un des rares lichens avec des fructifications maillées. Il se répand sur le sol et le bois pourri des forêts et milieux arctiques-alpins d'Asie, d'Europe et d'Amérique du Nord. La partie de ce lichen contenant des algues est la couche vert foncé à la base des fructifications. Cette espèce présente deux formes, la base crustacée (encerclée) et les fructifications.

Vulpicide calcaire *(Vulpicida tilesii)*

Ce lichen foliacé jaune brillant est fréquent dans les régions arctiques-alpines d'Asie, d'Europe et d'Amérique du Nord. Il ne pousse que sur un sol alcalin (à pH élevé), comme le calcaire. Les lobes ont une largeur de 0,5 à 4 mm et contiennent de l'acide vulpinique, dont on extrait un colorant jaune vif (voir Léthaire du Columbia et Léthaire poils-de-renard, en page 7, pour plus d'informations sur l'utilisation de l'acide vulpinique).

Lobaire pulmonaire (*Lobaria pulmonaria*)

Ce grand lichen foliacé préfère vivre dans les vieilles forêts, sur les arbres et parfois sur les rochers moussus. Il est répandu dans certaines régions d'Afrique, d'Asie, d'Europe et d'Amérique du Nord. Les lobes mesurent jusqu'à 7 cm de long et leurs crêtes et dépressions ressemblent à des alvéoles de poumon. On en tire un colorant orange-brun clair. En Europe, l'espèce est rare et en déclin.

Cladonie crème (*Cladonia portentosa* ssp. *Pacifica*)

Ce lichen fruticuleux fortement ramifié est l'une des nombreuses espèces de cladonies dont se nourrissent les caribous (les rennes), surtout l'hiver. D'autres espèces de cladonies sont plus répandues, mais la Cladonie crème est limitée principalement aux environnements côtiers de l'ouest de l'Amérique du Nord. La plupart des sujets atteignent 7 cm de hauteur.

Cladonie vert foncé (*Cladonia chlorophaea*)

Il existe de nombreuses espèces de cladonies d'apparence très proche de la Cladonie vert foncé, mais elles ne produisent pas les mêmes substances. On doit donc les tester chimiquement pour savoir à quelle espèce on a affaire. La Cladonie vert foncé est commune en Antarctique, en Asie, en Australasie, en Europe, en Amérique du Nord et en Amérique du Sud. On la trouve sur le sol, le bois et l'écorce. Elle présente deux formes : les petites feuilles (encercles) sont foliacées, et les tiges en té de golf sont fruticuleuses. On la considère habituellement comme fruticuleuse parce que ses tiges sont plus grandes et plus remarquables.

Usnée très longue (*Usnea longissima*)

L'Usnée très longue pousse en brins simples jusqu'à 3 m de long. Chaque brin possède un tronc central et de nombreuses petites ramifications latérales. On croit qu'elle a servi de guirlandes pour les premiers arbres de Noël en Europe du Nord. Sensible à la pollution atmosphérique, ce long lichen fruticuleux est en déclin dans toute son aire de répartition. Il se trouve en Asie, en Europe et en Amérique du Nord.

Hypogymnie marbrée (*Hypogymnia inactiva*)

L'Hypogymnie marbrée pousse dans l'ouest de l'Amérique du Nord. C'est une espèce foliacée creuse et voyante qui pousse sur les troncs et les branches des conifères. Les fructifications (apothécies) sont les structures circulaires brunes. Cette espèce est commune à l'ouest de la chaîne montagneuse des Cascades, qui s'étend du sud de la Colombie-Britannique au nord de la Californie.

Rhizoplaque orangée (*Rhizoplaca chrysoleuca*)

Ce lichen foliacé est retenu aux rochers par un seul point d'attache central, appelé ombilic. Il peut atteindre un diamètre de 3 cm. Les structures orange sont les fructifications (apothécies). La Rhizoplaque orangée est très répandue dans les milieux arctiques, alpins et subarctiques d'Asie, d'Europe et d'Amérique du Nord.

Placopse lambii (*Placopsis lambii*)

Ce lichen crustacé pousse sur des roches exposées en Afrique, en Australasie, en Europe, en Amérique du Nord et en Amérique du Sud. Il a deux partenaires photosynthétiques : une algue dans les parties blanchâtres et une cyanobactérie dans les parties rosées. Les sujets peuvent avoir jusqu'à 5 cm de diamètre.

Chénothèque obscure (*Chaenotheca obscura*)

Ce petit lichen de moins de 1,5 mm de hauteur vit dans un endroit très spécifique. Il ne pousse que sur le *Trichaptum abietinum*, un champignon polypore poussant sur les conifères morts. Il est commun, mais rarement signalé parce qu'il échappe au regard en raison de sa petite taille. Les tiges sombres sont les fructifications du lichen, et la partie blanchâtre en bas est le champignon polypore. La Chénothèque obscure vit dans les forêts boréales et tempérées d'Europe et d'Amérique du Nord. Elle pousse probablement en Asie et peut-être dans d'autres régions, mais elle n'a pas encore été signalée dans ces régions.

Ombilicaire de Lynge (*Umbilicaria lyngei*)

Ce lichen foliacé vit dans des habitats arctiques-alpins d'Asie, d'Europe et d'Amérique du Nord. Il est fixé aux roches par un point central, appelé un ombilic (d'où son nom d'ombilicaire). La surface inférieure de l'Ombilicaire de Lynge est noire et a une texture ressemblant à celle de la suie. Il peut faire 5 cm de diamètre.

Cladonie couronnée *(Cladonia amaurocraea)*

Ce lichen fruticuleux et voyant est commun dans les environnements arctiques-alpins et subarctiques-subalpins d'Asie, d'Europe et d'Amérique du Nord. Il pousse jusqu'à 12 cm de haut. Les caribous (ou rennes) s'en nourrissent.

Cétrélie grise (*Cetrelia olivetorum*)

Ce lichen foliacé délicat et rare a tendance à pousser sur les arbres et les rochers des forêts anciennes, des gorges et des vallées fluviales. Les espèces du genre *Cetrelia* se ressemblent beaucoup, mais elles produisent toutes des substances différentes. La Cétrélie grise est la seule à secréter de l'acide olivétorique, dont elle tire son nom latin. Les sujets peuvent mesurer jusqu'à 20 cm de large. Ce lichen pousse en Asie, en Australasie, en Europe, en Amérique du Nord et en Amérique du Sud.

Cladonie vermillon (*Cladonia bellidiflora*)

Les fructifications rouge vif (apothécies) et les nombreuses folioles des tiges font de la Cladonie vermillon une espèce frappante. Elle est commune dans les environnements arctiques, alpins et subarctiques de l'Antarctique, de l'Asie, de l'Australasie, de l'Europe, de l'Amérique du Nord et de l'Amérique du Sud. Les tiges peuvent mesurer jusqu'à 5 cm.

Lichen volcan (*Coccotrema maritimum*)

Ce lichen crustacé distinctif pousse sur des roches côtières battues par les vagues dans le nord-ouest de l'Amérique du Nord. Les structures rondes, chacune avec une seule dépression, sont les fructifications (apothécies), qui ressemblent à de petits volcans. Les fructifications font jusqu'à 1,5 mm de large.

Icmadophile vermiculaire (*Thamnolia vermicularis*)

Ce lichen fruticuleux est très abondant dans les régions arctiques-alpines d'Asie, d'Australasie, d'Europe et d'Amérique du Nord. Le Pluvier bronzé (*Pluvialis dominica*) en tapisse son nid (voir la page 8). Les branches peuvent pousser jusqu'à 10 cm de long. C'est le lichen territorial non officiel du Nunavut.

Pannaire ridée (*Pannaria lurida*)

La Pannaire ridée est foncée parce que son partenaire photosynthétique est une cyanobactérie. Les structures orange foncé sont les fructifications (apothécies). Le spécimen de la photo est humide. Lorsqu'il est sec, ce lichen foliacé est gris clair, comme la couleur des extrémités des lobes sur la photo, et plus ridé, ce qui lui vaut son nom commun. Les sujets peuvent atteindre une largeur de 9 cm et poussent généralement sur des troncs d'arbres. C'est une espèce rare, désignée «menacée» en vertu de la Loi sur les espèces en péril du Canada.

Calice à collet jaune (*Calicium trabinellum*)

Il peut être difficile de voir ce lichen fruticuleux à l'œil nu, car il mesure moins de 1 mm. Bien qu'on en trouve dans les jeunes forêts, la plupart des Calices à collet jaune préfèrent les forêts anciennes. Cette espèce pousse sur l'écorce et le bois d'arbres vivants et morts en Afrique, en Asie, en Australasie et en Amérique du Nord. On ne voit que les fructifications foncées alors que le thalle reste invisible, caché par le bois. Les algues vivent dans le corps du lichen. Le Calice à collet jaune contient de l'acide vulpinique (voir Léthaire du Columbia et Léthaire poils-de-renard, en page 7 pour plus d'informations sur l'acide vulpinique).

Algue : Groupe d'organismes unicellulaires photosynthétiques (contenant de la chlorophylle), possédant un noyau, mais dépourvus de racines, de tiges, de feuilles ou de structures reproductrices multicellulaires. Ce sont les partenaires photosynthétiques les plus communs des lichens.

Ascospore : Spore produit à l'intérieur d'un asque.

Asque : Structure ressemblant à un sac où les ascospores sont produites sexuellement.

Apothécie : Structure reproductrice produisant les ascospores des champignons.

Cil : Structures (ou excroissances) minces et chevelues poussant typiquement sur le rebord des thalles ou des apothécies.

Cortex : Couche protectrice du thalle se composant de filaments denses de champignons, appelés hyphes.

Crustacé : Se dit d'un lichen qui ressemble à une croûte et qui pousse de manière serrée sur son substrat, à travers toute sa surface inférieure. Un tel lichen n'a donc pas de surface inférieure visible.

Cyanobactérie : Groupe de bactéries photosynthétiques contenant de la chlorophylle. Les lichens dont les cyanobactéries sont les principaux partenaires photosynthétiques sont généralement noirs, gris foncé ou brun foncé.

Foliacé : Se dit d'un lichen qui ressemble à une feuille et qui a une surface supérieure et une surface inférieure distinctes.

Fructification : Appareil sexuel d'un lichen produisant des spores.

Fruticuleux : Se dit d'un lichen buissonnant ou chevelu, généralement sans surfaces supérieures et inférieures distinctes.

Lobe : Projection arrondie ou elliptique sur le rebord du thalle. Dans les lichens, le lobe se réfère généralement aux projections en forme de feuille (lichens foliacés), mais certains lichens crustacés ont aussi des lobes (le Placopse lambii, page 37, est un exemple de lichen crustacé avec de petits lobes).

Médulle : Couche de brins de champignons (hyphes) qui s'entrelacent mollement à l'intérieur du thalle, sous le cortex. Cette couche est blanche la plupart du temps, mais elle est parfois orange ou jaune.

Photosynthèse : Utilisation de l'énergie solaire pour convertir l'eau et le dioxyde de carbone en sucres (glucides).

Rhizine : Structure qui ressemble à des racines, se formant sous la surface inférieure des lichens et qui les attache à leurs substrats. Les rhizines de différentes espèces peuvent varier en longueur, en largeur et en degré de ramification.

Spore : Propagule sexuelle microscopique capable de reproduire le champignon seulement. Les spores peuvent varier en taille, en forme et en nombre de cellules.

Substrat : Surface sur laquelle un lichen se développe (par exemple, le sol, le bois, l'écorce ou la roche).

Symbiotique : Vivant en symbiose ou s'y rapportant.

Symbiose : Collaboration étroite et prolongée entre deux ou plusieurs organismes non apparentés. Dans le cas des lichens, la symbiose unit un champignon à un ou plusieurs partenaires photosynthétiques.

Thalle : Appareil végétatif d'un lichen.

Ombilic : Structure de fixation centrale courte, épaisse, propre à certains lichens, y compris les rhizoplaques et les ombilicaires.

À Maeve

A FIREFLY BOOK

Publié par Firefly Books Ltd. 2022

Texte de R. Troy McMullin, Ph. D., Chercheur scientifique, Lichénologie,
    Musée canadien de la nature
Photographies de R. Troy McMullin, sauf indication contraire ci-dessous

PREMIÈRE IMPRESSION

Catalogage avant publication de Bibliothèque et Archives Canada
Titre: Le monde secret des lichens : guide du jeune naturaliste / Troy McMullin, Musée canadien
    de la nature ; traduit par François Couture.
Autres titres: Secret world of lichens. Français
Noms: McMullin, Troy, auteur. | Musée canadien de la nature, organisme de publication.
Description: Traduction de : The secret world of lichens. | Comprend un index.
Identifiants: Canadiana 20220207003 | ISBN 9780228104049 (couverture souple)
Vedettes-matière: RVM: Lichens–Ouvrages pour la jeunesse. | RVM: Lichens–Identification–
    Ouvrages pour la jeunesse. | RVMGF: Documents pour la jeunesse.
Classification: LCC QK583 .M3614 2022 | CDD j579.7–dc23

Publié aux États-Unis par
Firefly Books (U.S.) Inc.
Boîte postale 1338, station Ellicott
Buffalo (New York) 14205

Publié au Canada par
Firefly Books Ltd.
50 Staples Avenue, Unité 1
Richmond Hill (Ontario) L4B 0A7

Couverture et design intérieur : Gareth Lind, Lind Design
Traduction : François Couture, trad. a.
Imprimé en Chine

Nous remercions le gouvernement du Canada de son soutien financier.

Crédits photos supplémentaires

Verso de la couverture (photo de l'auteur) :
Paul Sokoloff

Page 4 (illustration) : George A. Walker

Page 8 (nid de Pluvier bronzé) : Wikimedia
Commons/MeegsC (CC-BY-SA 2.5)

Page 8 (caribou/renne) : iStock/S_Z